TEXTE FRANÇOISE RACHMUHL
ILLUSTRATIONS CHARLOTTE GASTAUT

DIEUX & DÉESSES
DE LA MYTHOLOGIE GRECQUE

Pour Prudence et Violette. Mes incollables.
& Pour Albert. Mon je-ne-sais-d'où.

C. G.

PÈRE CASTOR

Éditions Flammarion – 87, quai Panhard-et-Levassor – 75647 Paris Cedex 13
ISBN : 978-2-0814-1479-2 – N° d'édition : L.01EJDN001414.A005

AU COMMENCEMENT

Née de l'écume de la mer
APHRODITE
CHAOS
OURANOS
GAÏA
LES TITANS
LES TITANIDES
LES CYCLOPES
LES CENT-BRAS
CRONOS
RHÉA
HESTIA
DÉMÉTER
HÉRA
HADÈS
POSÉIDON
ZEUS
avec Métis
avec Maïa
avec Léto
avec Sémélé
ARÈS
ATHÉNA
HERMÈS
HÉPHAÏSTOS
APOLLON
ARTÉMIS
DIONYSOS

Au commencement du monde il y avait Chaos, un abîme sans lumière, sans forme, sans fond. Puis apparut la Terre-Mère, Gaïa. D'elle sortirent forêts, montagnes, flots de la mer, animaux et Ouranos, le ciel étoilé.

Ouranos s'unit à Gaïa pour donner naissance à toutes sortes d'êtres. Certains étaient monstrueux, comme les Cent-Bras, d'une force prodigieuse, et les Cyclopes, des forgerons hauts comme des tours, avec un seul œil au milieu du front. Ces créatures dangereuses furent exilées au fond de l'abîme, dans le monde souterrain.

Gaïa enfanta aussi des géants, les Titans, et leurs sœurs, les Titanides. Mais ceux-ci restaient enfermés dans son sein car Ouranos, couché sur elle de tout son long, empêchait ses enfants de venir à la lumière.

Le dernier-né, Cronos, se révolta. Sa mère lui fabriqua une petite faux avec laquelle il réussit à blesser son père. Ouranos s'éloigna et se fixa en haut du monde. Désormais le ciel et la terre étaient séparés, le jour et la nuit se succédaient. Cronos prit le pouvoir et épousa sa sœur Rhéa, une Titanide.

Les dieux sont leurs enfants et leurs petits-enfants. Ils se nourrissent de nectar et d'ambroisie, ce qui les rend immortels.

Parmi eux, douze sont considérés comme les plus importants. Puisqu'ils habitent sur le mont Olympe, une haute montagne au nord de la Grèce, on les appelle les douze Olympiens.

C'est leur histoire que vous découvririez dans ce livre.

ZEUS

LE ROI DES DIEUX ET LE MAÎTRE DU MONDE

Jupiter en latin. Fils de Cronos et de Rhéa. Son royaume est le ciel. Il tient la foudre à la main, le chêne est son attribut. Son animal favori est l'aigle. On le représente comme un homme dans la force de l'âge, portant la barbe, le plus souvent torse nu. Zeus est le dieu le plus puissant, mais il ne l'a pas toujours été. Avant d'établir son pouvoir, il a dû surmonter de nombreuses épreuves.

Le Titan Cronos était soucieux. Alors que sa femme, Rhéa, attendait son premier enfant, voici qu'on lui prédisait qu'un de ses propres fils le détrônerait un jour.

Cronos était grand et gros, doté d'un solide appétit et pourvu d'un large ventre. À la naissance de l'enfant, il avait pris sa décision. Sous prétexte de l'admirer de près, il l'approcha de son visage, ouvrit grand la bouche et l'avala. Il en fit autant des quatre enfants suivants.

Rhéa était au désespoir. Quand elle fut à nouveau enceinte, elle alla se confier à sa mère, Gaïa, qui la consola et lui prodigua quelques conseils.

Le moment d'accoucher approchant, Rhéa sortit en cachette de son palais et se rendit en Crète. Elle gravit une montagne, découvrit une grotte et s'y installa. Là, elle donna naissance à un gros garçon qu'elle appela Zeus. Elle l'emmaillota et le coucha dans le berceau d'or qu'elle avait pris soin d'emporter.

Hélas ! Elle ne pouvait demeurer près de lui plus longtemps. Il ne fallait pas que Cronos s'aperçoive de son absence. Qui allait pouvoir s'occuper du bébé, qui le nourrirait ?

Elle distingua alors dans la pénombre de la grotte deux jeunes filles souriantes. C'étaient deux nymphes, ces gracieuses divinités chargées de veiller sur les eaux, les montagnes et les forêts. Elles poussaient devant elles une chèvre

de grande taille, au long poil blanc et aux cornes dorées. Elles approchèrent du nouveau-né les mamelles de l'animal, et Zeus se mit à téter.

– Voici la chèvre Amalthée, dirent-elles à Rhéa. Elle donnera son lait à l'enfant. Quand il sera un peu plus grand, il pourra aussi manger du miel : il y a beaucoup d'abeilles sur la pente de la montagne.

– Merci, merci. Cependant… Que se passera-t-il si l'enfant fait du bruit ? Un bébé, ça gazouille, ça pleure, ça rit… Son père risque de l'entendre : Cronos a l'ouïe fine.

– Eh bien, nous appellerons les Curètes, ces jeunes guerriers chargés de défendre le pays. Quand ils frappent leur bouclier de leur lance, en tapant du pied et en chantant des hymnes, leur vacarme peut couvrir n'importe quels cris.

Rhéa remercia les nymphes, se pencha sur son fils et l'embrassa une dernière fois : Zeus s'était endormi, l'air satisfait, une goutte de lait perlant au coin de la bouche. La Titanide s'éloigna, rassurée. Mais il lui restait encore une tâche à accomplir.

De retour au palais, elle se glissa dans sa chambre et se mit à pousser des gémissements, comme si elle accouchait. Au bout d'un moment, elle fit appeler son mari.

– Où est-il, l'enfant nouveau-né ? demanda-t-il. Donne-le-moi !

Rhéa lui tendit alors une grosse pierre enveloppée de langes et, sans se méfier, Cronos l'avala. La pierre passa sans encombre de son gosier à son estomac.

Les années passaient, Zeus grandissait. Il était sorti de sa grotte et vivait dans la montagne avec les bergers. Il partageait leurs jeux et leurs fêtes et, comme eux, s'occupait des chèvres. Parfois, il descendait jusqu'au bord de la mer. Il savait qu'au-delà de l'eau, sur le continent, se trouvait le palais de son père.

Un soir, il se promenait sur la plage lorsqu'il aperçut, sortant des flots, une gracieuse jeune femme qui lui sourit. Il se frotta les yeux : l'instant d'après, il ne vit plus, flottant au creux de la vague, qu'une mouette blanche. Rêvait-il ? Voici qu'à la place de l'oiseau, un dauphin cabriolait. Mais à peine eut-il le temps d'étendre la main pour le caresser qu'un rire moqueur retentit, et la jeune femme réapparut.

– Qui es-tu ? demanda Zeus. Es-tu une magicienne ?

– Je suis une fille de l'Océan et j'aime à me métamorphoser. Je me nomme Métis, ce qui signifie à la fois la prudence et la ruse. Je sais qui tu es et que tu songes à délivrer tes frères, enfermés dans le ventre de Cronos. Va trouver ta mère et demande-lui de se procurer une potion qui fait vomir. Tu joueras le rôle de l'échanson en t'occupant du service des boissons, et tu mêleras la potion au miel dans le breuvage que tu offriras à ton père. Tu verras alors ce qui se passera… Va !

Suivant le conseil de Métis, Zeus se présenta comme échanson au palais de son père. Toujours aussi glouton, Cronos mangea et but énormément au cours du repas, et fut bientôt pris de vomissements. Il rendit d'abord la grosse pierre qu'il avait avalée à la place de Zeus. Puis, l'un après l'autre, ses cinq premiers enfants, dans l'ordre inverse de leur naissance : Poséidon, Hadès, Héra, Déméter, Hestia. Les deux dieux et les trois déesses se groupèrent alors autour de Zeus.

– Tu es bien jeune encore, lui dirent-ils, mais tu as su faire preuve d'intelligence et de courage. Sois notre chef.

Zeus accepta et mena aussitôt ses frères et sœurs sur l'Olympe, cette haute montagne couronnée de neige, baignée d'une lumière intense. Elle devint la résidence des dieux, qu'on appela les Olympiens.

Mais les Titans étaient furieux. Ils n'allaient pas se laisser déposséder du pouvoir par de jeunes insolents ! Cronos se faisant vieux, ils nommèrent Atlas à leur tête.

Entre les Titans et les Olympiens, une guerre impitoyable et longtemps indécise fit rage pendant dix longues années. L'univers déchiré retournait au chaos, cet état de confusion et de désordre qui régnait au début du monde.

Alors Gaïa fit appeler Zeus, son petit-fils.

– Vos forces sont égales, lui dit-elle. Tu ne parviendras à l'emporter sur les Titans que si tu te fais aider par des êtres qui leur ressemblent et qui possèdent la même force brutale qu'eux : les Cent-Bras et les Cyclopes, ces monstres enfermés dans le Tartare. Libère-les et prends-les à ton service.

Zeus descendit dans l'ombre et dans la brume jusqu'au fond du monde souterrain pour y rencontrer les monstres.

– Vous aurez droit à notre nourriture, au nectar et à l'ambroisie, et vous deviendrez immortels comme nous, les dieux, leur promit-il.

Les Cent-Bras et les Cyclopes suivirent Zeus et mirent leurs forces à sa disposition. Les Cyclopes lui offrirent même l'arme suprême : la foudre. Tandis que les Cent-Bras leur lançaient d'énormes pierres, Zeus, du haut de l'Olympe, foudroya les Titans. Réduits à l'impuissance et à l'immobilité, ils furent enfermés à jamais dans le Tartare. Quant à Atlas, il fut condamné à porter le ciel sur ses épaules.

Les Olympiens donnèrent le pouvoir à Zeus, qui les avait conduits à la victoire. Il devint le roi des dieux et le maître du monde, et il y fit régner l'ordre et la justice. Il divisa l'univers en trois royaumes, que ses deux frères et lui se partagèrent, après avoir tiré au sort : Zeus eut le ciel, Poséidon la mer, Hadès le monde souterrain des Enfers. La terre leur appartenait à tous les trois.

Pour assurer à son règne la durée et la paix, Zeus décida de se marier. Sa première femme fut Métis, ensuite il épousa sa sœur Héra. Mais Zeus eut d'innombrables aventures et de nombreux enfants, dieux quand leur mère était déesse, demi-dieux quand elle n'était qu'une simple mortelle. Et plusieurs de ces dieux prirent place parmi les Olympiens.

HÉRA

LA DÉESSE DU MARIAGE

Junon en latin. Fille de Cronos et de Rhéa. Héra est l'épouse de Zeus et elle partage sa royauté. Elle reçoit en offrande le pavot et la grenade. Le paon est son animal favori. C'est une déesse puissante et majestueuse. Elle porte une longue tunique plissée sur laquelle est drapé un large pan d'étoffe de laine. Un diadème orne ses cheveux noués en chignon. Elle protège les femmes mariées, vertueuses et fidèles, et les assiste au moment de leur accouchement.

Héra supportait mal les infidélités de son époux. Tous deux se disputaient souvent, et l'éclat de leurs voix résonnait dans le ciel. La déesse était jalouse de ses rivales et, chaque fois qu'elle le pouvait, se vengeait cruellement. Elle avait même pensé à se débarrasser de son mari.

Or Zeus possédait la foudre, l'arme suprême. Lui seul avait le droit de s'en servir et il l'utilisait pour se faire obéir. Les dieux, qui étaient sous ses ordres, finirent par être las de son autorité. Ils la jugeaient excessive. Ils songèrent à le détrôner et à prendre sa place. Héra se mit à la tête de la conspiration.

Un soir, elle alla trouver Poséidon, son frère, roi de la mer, et Apollon, le dieu de la lumière.

– Mon époux vient de rentrer, leur dit-elle. Il est fatigué, il dort. C'est le moment d'agir.

Après s'être emparés de sa foudre, par mesure de précaution, les dieux s'approchèrent de la couche de Zeus. Puis, sans le réveiller, ils le ligotèrent avec des lanières de cuir auxquelles ils firent cent nœuds, bien serrés. Et, sans plus attendre, ils s'éloignèrent sur la pointe des pieds.

Ils commencèrent alors à discuter. Lequel d'entre eux prendrait la succession de Zeus ? Chacun réclamait le pouvoir, et il leur fut impossible de se mettre d'accord. Leurs querelles devinrent si violentes qu'elles alarmèrent tous les êtres vivant dans le vaste univers.

En les entendant, Thétis, une Néréide, nymphe de la mer au grand cœur, s'effraya.

« Zeus est réduit à l'impuissance ! se dit-elle. Mais s'il perd son royaume, ce sera la guerre entre les dieux et le monde à nouveau sera dans le chaos… Il faut l'éviter à tout prix. Que faire ?… Ah ! j'ai une idée… »

Elle se précipita sous la terre, descendit jusqu'au Tartare et alla trouver Briarée, l'un des Cent-Bras, qui en gardait la porte.

– Viens vite, remonte avec moi ! lui ordonna-t-elle. Je t'expliquerai en route.

De ses cent mains, Briarée eut tôt fait de dénouer les cent nœuds qui maintenaient Zeus attaché. Le dieu, enfin réveillé, écumait de rage.

Dès qu'il fut délivré, le roi du ciel punit les conspirateurs. D'abord Héra, car c'était elle qui avait pris la tête du complot. Il la suspendit par les poignets au sommet de l'Olympe, liée par une chaîne, une lourde enclume à chaque pied. Elle eut beau pousser des cris déchirants, personne n'osa venir à son secours. Ensuite, Zeus envoya sur la terre Poséidon et Apollon. Ils iraient en Asie servir le roi qui construisait les murs de la future ville de Troie. Zeus renonça à punir les autres dieux qui s'étaient contentés de suivre les meneurs. Cette fois, il en était sûr, son autorité ne serait plus remise en question.

Lorsque Zeus consentit à la délivrer, Héra retourna dans son palais, en se frottant les poignets. Son animal favori, le paon, l'accueillit en faisant la roue.

– Quel magnifique plumage ! s'écria-t-elle. Pourtant, il lui manque quelque chose… Des touches claires feraient scintiller sa couleur d'un bleu si profond… N'es-tu pas de mon avis ? ajouta-t-elle, croyant Zeus à ses côtés.

Mais Zeus n'était pas là. Il était sur la terre, occupé par son amour tout neuf pour la nymphe Io. Quand il se rendit compte que sa femme, toujours jalouse, les cherchait, il se hâta de transformer Io en génisse.

Héra n'était pas dupe : elle envoya son serviteur Argus surveiller la génisse pour l'empêcher de fuir. Argus possédait cent yeux et, même quand il dormait, il ne les fermait jamais tous.

Zeus se désolait de cette situation. Il demanda à Hermès, le plus malin de ses enfants, de le tirer d'affaire. Le jeune dieu, déguisé en berger, s'approcha d'Argus et réussit, grâce à sa flûte, à l'endormir complètement. Puis il lui trancha la tête.

Héra avait tout vu du haut de l'Olympe. Elle accourut. En souvenir de son bon serviteur, elle recueillit les cent yeux et en orna le plumage de son oiseau favori.

Voilà pourquoi, lorsque le paon fait la roue, sur sa queue déployée s'ouvrent les yeux d'Argus.

POSÉIDON

LE DIEU DE LA MER

Neptune en latin. Fils de Cronos et de Rhéa. Poséidon est le frère de Zeus. Son royaume est la mer. Son animal favori est le cheval. C'est un dieu querelleur et violent, « l'Ébranleur du sol ». On le représente souvent comme un homme puissant, torse nu, le trident à la main, prêt à frapper la mer, faisant naître la tempête, ou à ébranler le sol, provoquant raz-de-marée et tremblements de terre.

Poséidon avait construit son palais au fond de la mer. Il se déplaçait dans un char d'or tiré par quatre chevaux blancs aux sabots de bronze, suivi par le cortège dansant des nymphes marines, les Néréides. Les Tritons, des créatures à poitrine d'homme et à queue de poisson, l'accompagnaient aussi en soufflant dans leur conque pour annoncer leur passage.

Lorsque Poséidon voulut se marier, il commença à courtiser Amphitrite, une Néréide. Or celle-ci, qui redoutait la violence du dieu, s'enfuit et se réfugia près du Titan Atlas. Poséidon lui envoya alors un dauphin qui plaida si bien la cause de son maître qu'il réussit à convaincre Amphitrite. Elle devint l'épouse de Poséidon et la reine de la mer.

Mais Poséidon, comme son frère Zeus, était bien souvent infidèle. Un jour, il rencontra les Gorgones, trois sœurs très belles, divinités de la mer, et il tomba follement amoureux de l'une d'elles, Méduse.

– Viens, suis-moi. Le soir tombe. Allons sur le rivage pour nous aimer, murmura-t-il à son oreille. Je vois là-bas un temple : nous y serons tranquilles.

Ce temple n'était autre que celui d'Athéna. Quand la déesse s'aperçut que les deux amoureux avaient eu l'audace d'y passer la nuit, elle se mit en colère. N'osant pas s'en prendre à Poséidon, elle métamorphosa Méduse en un être effrayant : ailes d'or, griffes de métal, longues dents aiguës et chevelure de serpents.

Désormais, hommes et dieux fuyaient la terrible Gorgone. Car de ses yeux étincelants, Méduse transformait en pierre quiconque la regardait.

Un jour, le héros Persée parvint, en détournant les yeux, à échapper au regard pétrifiant et à décapiter la Gorgone. À l'instant où la tête monstrueuse roulait dans un flot de sang, un cheval ailé jaillit de la blessure. C'était Pégase, fils de Poséidon.

À peine né, Pégase s'envola vers l'Olympe. Il demeura dans le palais de Zeus et fut dompté par Athéna. La déesse le mit ensuite au service de ses héros favoris, pour les aider à vaincre les monstres qu'ils devaient affronter.

Pégase ne dédaignait pas les exploits guerriers, mais il préférait cependant la compagnie des Muses. Les neuf Muses, filles de Zeus et de Mémoire, divinités des arts, des sciences et des lettres, aimaient jouer, danser, chanter et faire de la musique sur les pentes boisées des montagnes. Pégase les rejoignait souvent sous les ombrages des bois sacrés et, pour leur plaire, un jour, frappa le roc de son sabot : il en jaillit alors une source d'eau claire, où viennent s'abreuver les poètes en quête de l'inspiration. Ce jour-là, Poséidon, le dieu des chevaux et des eaux, se sentit fier de son fils Pégase.

DÉMÉTER

LA DÉESSE DES MOISSONS

Cérès en latin. Fille de Cronos et de Rhéa. Elle tient à la main des épis de blé et parfois une faucille. Le pavot et le coquelicot sont ses attributs. Déméter est une grande et belle femme, au teint hâlé par le soleil. Une couronne d'épis retient ses cheveux blonds, elle porte une longue robe jaune, couleur de moisson mûre. C'est elle qui a enseigné l'agriculture aux hommes. Elle protège les paysans et, s'ils l'honorent pieusement, elle leur garantit de bonnes récoltes.

Déméter vivait en Sicile, riche terre à blé, aux moissons abondantes. C'est là qu'elle avait élevé Perséphone, sa fille chérie, loin des regards des Olympiens dont elle se méfiait.

Or voici qu'Hadès eut soudain envie de se marier. Il avait besoin, disait-il, d'une femme à ses côtés sur le trône des Enfers, dans le monde souterrain. Il songea alors à Perséphone, sa nièce, dont il avait entendu vanter la grande beauté. Elle était bien jeune, sans doute, mais qu'importe ! Hadès monta jusqu'à l'Olympe pour obtenir l'autorisation de Zeus. Son frère la lui accorda bien volontiers, mais aucun des deux ne songea à prévenir Déméter.

Par un délicieux matin de printemps, dans un vallon ombragé, Perséphone cueillait des narcisses avec ses compagnes. C'était à qui aurait le plus gros bouquet et la jeune fille s'était éloignée, pensant trouver ainsi quantité d'autres fleurs.

Tout à coup surgit devant elle un char noir, tiré par des chevaux noirs, mené à un train d'enfer. Le conducteur se pencha, saisit Perséphone par la taille et, comme elle se débattait en criant, la maintint contre lui d'un bras autoritaire. L'attelage poursuivit son chemin. Enfin, le sol s'ouvrit et le char s'engouffra jusqu'au fond des Enfers, entraînant Hadès et sa proie.

Tout était allé si vite que personne n'avait vu ce qui s'était passé. Quand Déméter apprit la disparition de sa fille, elle partit aussitôt à sa recherche, le cœur plein d'angoisse. Elle arpenta la Sicile, la Grèce et même l'Asie. Elle la chercha pendant neuf jours, montée sur son char tiré par des dragons, et pendant neuf nuits, une torche à la main, allumée aux feux de l'Etna. Tout ce temps-là, elle demeura sans manger, sans boire, sans dormir.

Si bien qu'un soir, Zeus, ému par son désespoir, la força à avaler une infusion au pavot pour endormir ses souffrances, et elle put trouver le repos pendant quelques heures.

Poursuivant sa quête, Déméter finit par arriver dans le royaume d'Éleusis, au sud de la Grèce. Elle y fut reçue par le roi et la reine. Comme leur fils aîné rentrait des champs, elle l'interrogea.

– Je peux peut-être te donner une information utile, lui dit-il. Mon frère était en train de nourrir ses porcs quand il a vu soudain la terre s'ouvrir devant lui, engloutissant une de ses bêtes. Là-dessus est passé au galop un char tiré par des chevaux noirs, qui s'est précipité dans la crevasse. Mon frère n'a pas eu le temps de reconnaître le visage du conducteur. Il lui a semblé qu'il tenait une femme dans ses bras, et il l'a entendue crier…

– Merci, jeune homme. La vieille déesse de la Lune, Hécate, devrait pouvoir m'en apprendre davantage, car elle a les yeux ouverts alors que tous dorment.

Hécate avait bien entendu des cris, mais elle ne savait rien d'autre.

– Va donc chez le dieu Soleil, proposa-t-elle. Lui qui éclaire la Terre toute la journée est au courant de tout ce qui s'y passe.

Le Soleil se fit quelque peu prier avant de reconnaître qu'il avait bien vu Hadès enlever Perséphone.

– À mon avis, ajouta-t-il non sans malice, Zeus était parfaitement au courant.

En entendant ces mots, Déméter devint furieuse.

– Ah ! c'est ainsi que Zeus m'a trompée ! Il a dû bien rire de mes larmes ! S'il s'imagine que je vais me jeter à ses pieds, il se trompe. M'humilier de la sorte lui ferait trop plaisir.

Déméter s'enferma dans son palais et demeura là sans parler ni bouger. Elle cessa de prodiguer ses bienfaits à la terre, et celle-ci devint stérile. Les semences se desséchèrent, les herbes se flétrirent, dans les arbres les fruits pourrirent. Plus de récoltes, plus de moissons. Les animaux et les hommes allaient mourir de faim, elle s'en moquait.

Du haut de l'Olympe, Zeus s'inquiéta de cette situation. Il essaya de raisonner sa sœur : sa fille était heureusement mariée, Hadès n'étant pas un gendre à dédaigner. N'était-il pas le souverain des Enfers ? Il aimait Perséphone qui partageait son trône. Mais Déméter ne voulut rien entendre, et la terre, autrefois si féconde, se transforma en désert.

Zeus envoya alors un messager à Hadès pour l'avertir de ce qui se passait. Il lui demandait de rendre Perséphone à sa mère. Hadès accepta. Il s'était bien aperçu que sa jeune femme supportait mal l'ombre perpétuelle des Enfers et qu'elle regrettait la clarté du jour. Mais pour retourner sur la terre, il ne fallait pas qu'elle ait goûté à la nourriture des Morts. Sinon, elle n'aurait plus le droit de quitter le monde souterrain : c'était la loi.

Or Perséphone ignorait cette loi. Non seulement elle avait mangé sept grains de grenade, mais on l'avait vue les manger.

Quand elle l'apprit, Déméter retomba dans son désespoir.

Heureusement, Zeus trouva un compromis, qu'acceptèrent Déméter et Hadès. Perséphone passerait six mois de l'année avec son époux au fond des Enfers, et remonterait les six autres mois auprès de sa mère, devenant ainsi le symbole de la végétation qui dort en hiver avant de renaître au printemps, dans la lumière du soleil.

ATHÉNA

LA DÉESSE DES JUSTES COMBATS, DE LA SAGESSE ET DES ARTS DOMESTIQUES

Minerve en latin. Fille de Zeus et de Métis. Elle porte la lance et l'égide, son bouclier. Son arbre préféré est l'olivier et son animal, la chouette. Athéna est la déesse aux yeux pers, d'une couleur bleue indéfinissable. On dit qu'elle a des yeux de chouette, parce qu'elle est lucide et voit clair dans l'obscurité. Elle est la fille préférée de Zeus. Elle ne s'est jamais mariée. Elle prend parfois le nom de Pallas-Athéna, en souvenir de l'une de ses amies d'enfance, morte au cours d'un jeu brutal.

En premier mariage, Zeus avait épousé Métis, la fille de l'Océan qu'il avait rencontrée en Crète. Bientôt, elle attendit un enfant. Zeus s'inquiétait : que se passerait-il si elle accouchait d'un garçon, aussi habile et rusé qu'elle ? Devenu grand, celui-ci essaierait certainement de détrôner son père, comme lui-même avait détrôné Cronos et comme, auparavant, Cronos s'était débarrassé d'Ouranos.

Le roi des dieux n'avait pas l'intention de laisser sa place à qui que ce soit. Il devait à tout prix empêcher Métis de mettre au monde l'enfant. Et pour cela, il lui fallait être plus rusé qu'elle.

Comme Métis était magicienne, Zeus lui demanda un jour de se métamorphoser en animal. Elle lui apparut aussitôt sous la forme d'un lion rugissant. Mais serait-elle capable de devenir un simple insecte ? Sans se méfier, Métis se transforma en mouche. Et Zeus l'avala.

Quelque temps après, il fut pris d'un mal de tête épouvantable. Il crut devenir fou. En désespoir de cause, il appela Héphaïstos, le dieu forgeron, et le supplia de le délivrer. D'un grand coup de marteau, le dieu fendit en deux la tête de Zeus.

Alors retentit un cri de victoire : Athéna sortit tout armée du crâne de son père, avec son casque, sa lance et son bouclier.

La déesse portait ces armes en temps de guerre. Les chefs des troupes venaient la consulter car elle connaissait les bons plans de bataille. À la différence de son frère Arès, elle n'aimait pas la violence inutile ni les combats sanglants. En temps de paix, elle abandonnait ses armes et revêtait une simple tunique. C'est elle qui a appris aux hommes à dompter un cheval, à conduire un char, à naviguer sur un bateau, et aux femmes à filer et à tisser la laine. C'est elle qui a donné son nom à la cité d'Athènes.

Le roi Cécrops avait fait construire une ville, sur une colline au sud de la Grèce. Pour choisir son nom, il fit appel aux deux divinités qui se trouvaient dans la région : Athéna et Poséidon. Ces dieux se jalousaient l'un l'autre et ne parvenaient pas à se mettre d'accord. Aussi Cécrops prit-il cette décision : celui qui offrirait le cadeau le plus utile aux habitants donnerait son nom à la ville. Les grands Olympiens, dieux et déesses, seraient les arbitres.

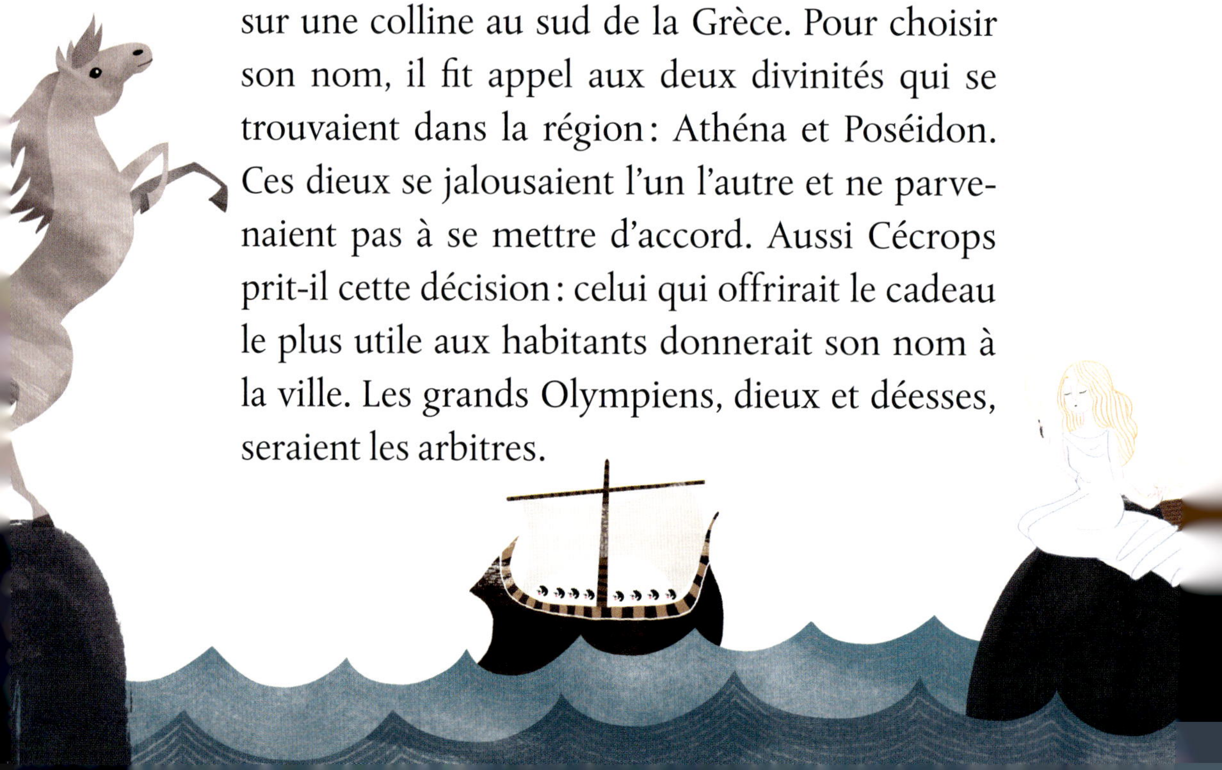

Ils se réunirent donc sous les remparts de la cité. Il faisait chaud ce jour-là et la plaine s'étendait sous leurs yeux, poussiéreuse, inondée de soleil, sans le moindre arbuste pour donner de l'ombre. Poséidon s'avança, sûr de lui, et frappa la terre de son trident : il en sortit un cheval.

– Quelle bête magnifique ! s'exclamèrent les dieux. Nous pourrons facilement l'atteler à un char, quand nous partirons à la guerre !

Athéna s'approcha ensuite et toucha le sol de sa lance : il y poussa un olivier, dont le feuillage argenté, chargé d'olives, jeta sur la plaine une ombre légère.

– Quel plaisir ! s'écrièrent les déesses. L'olivier nous ombragera et nous pourrons faire de ses fruits le meilleur usage ! Car il est l'arbre de la paix.

Cécrops, qui préférait la paix à la guerre, se rangea à leur avis, si bien qu'Athéna remporta la victoire, et la cité devint Athènes.

ARÈS

LE DIEU DE LA GUERRE

Mars en latin. Fils de Zeus et d'Héra. Ses animaux favoris sont le coq et le vautour. Il a l'aspect d'un jeune homme aux traits réguliers, à la tête bouclée, à l'air attentif.

Arès était né au nord de la Grèce, en Thrace, au pays des orages et des chevaux sauvages, là où les hommes ne rêvent que de bagarres et de batailles. Arès était beau, mais querelleur et impitoyable. Zeus prétendait qu'il avait hérité du caractère intraitable de sa mère, Héra.

De même que sa sœur Athéna, Arès était de tous les combats. Mais alors que la déesse agissait dans la mesure, pour de justes causes, le dieu était animé par sa violence aveugle et par son goût du sang.

Arès ne s'était jamais marié. Il avait cependant eu de nombreuses aventures. Comme beaucoup d'autres dieux, il était tombé amoureux d'Aphrodite, la plus belle des déesses, l'épouse d'Héphaïstos. Il avait eu d'elle trois fils : Déimos et Phobos, qui l'encadraient sur les champs de bataille, et Éros, le dieu de l'Amour.

De cette union illégitime était aussi née une fille, Harmonie, bien différente de ses frères. Belle et douce, elle pratiquait les arts et surtout la musique. Ce fut grâce au dragon de son père qu'elle rencontra Cadmos, son futur époux.

Cadmos était un prince phénicien. Il parcourait le monde méditerranéen avec ses compagnons, à la recherche de sa sœur Europe, enlevée par Zeus. Guidé par Athéna, il parvint au centre de la Grèce. À l'orée d'un bois, il décida de s'arrêter pour offrir un sacrifice à la déesse. Pour cela, il lui fallait de l'eau pure. Comme il entendait le bruissement de l'eau, il envoya ses compagnons en chercher.

Il y avait en effet une source dans le bois. Elle appartenait à Arès et elle était gardée par un dragon.

Cadmos attendit longtemps ses compagnons. Ne les voyant pas revenir, il partit à leur rencontre. Il ne trouva que leurs cadavres : le dragon les avait tous tués. À présent, l'animal se dressait devant lui de toute sa hauteur, au-dessus des feuillages. Sa gueule menaçante lançait des flammes.

Cadmos n'hésita pas un instant. À ses pieds se trouvait un énorme rocher. Il le souleva avec peine et le lança de toutes ses forces à la tête du dragon. La bête, surprise, chancela sous le coup et s'effondra, morte.

Arès était dans une colère folle. Non seulement on avait osé puiser de l'eau dans sa source sans lui en demander l'autorisation, mais on avait tué son dragon. Il porta l'affaire devant le tribunal des Olympiens et ceux-ci condamnèrent Cadmos à servir Arès pendant huit ans.

Au terme de sa peine, Cadmos reçut en cadeau d'Athéna la région qui se trouve au centre de la Grèce et il y fonda la ville de Thèbes. Tandis qu'il travaillait dans le palais d'Arès, il avait rencontré Harmonie. Ils étaient tombés amoureux l'un de l'autre. Enfin libre, Cadmos put épouser la fille d'Aphrodite et du dieu.

Leurs noces furent somptueuses. Les douze dieux de l'Olympe y assistèrent, assis dans douze sièges d'or spécialement fabriqués pour eux. Chacun fit à la jeune mariée un cadeau de prix : Aphrodite, un collier en or, Athéna, une robe magique, Hermès, une lyre afin que la jeune femme exerce son talent de musicienne. Déméter lui promit de superbes moissons, et les Muses chantèrent et jouèrent de la flûte, sous la conduite d'Apollon.

Arès, oubliant son humeur querelleuse, était heureux du bonheur de sa fille.

APHRODITE

LA DÉESSE DE L'AMOUR ET DE LA BEAUTÉ

Vénus en latin. Fille adoptive de Zeus. Les plantes qui lui sont consacrées sont le myrte et la rose ; les fruits, la pomme et la grenade ; les animaux, le cygne, le moineau et la colombe. Le Destin lui a donné pour seule tâche d'aimer et d'être aimée, et de protéger ceux qui s'aiment. On la représente souvent dans sa nudité, revêtue seulement de sa longue chevelure blonde.

Aphrodite était née de l'écume de la mer. Elle avait surgi de l'eau, nue, dans une coquille de nacre. Zéphir, le vent de l'Ouest, l'avait doucement poussée jusqu'à la grande île de Chypre. Là, elle avait abordé sur le rivage. À chacun de ses pas poussaient des herbes et des fleurs. Les Saisons lui donnèrent des vêtements, des bijoux et une ceinture magique, qui rendait amoureux tous ceux qui s'approchaient d'elle. Les Grâces l'accompagnèrent lorsqu'elle monta vers l'Olympe dans son char léger tiré par des colombes.

Un jour, Aphrodite se rendit aux noces de Thétis, la Néréide, et de Pélée. Les dieux avaient tous été invités, même ceux de moindre importance. Tous, sauf Éris, la Discorde, cette divinité qui poussait les dieux et les hommes à se disputer, pleins de violence et de haine.

Éris surgit dans la salle du banquet et, pour se venger d'avoir été oubliée, lança au milieu des convives un fruit d'or qui roula sur le sol. C'était une pomme portant l'inscription : « À la plus belle. »

Héra se précipita pour la ramasser.

– Elle est à moi, dit-elle. Ne suis-je pas la reine de l'Olympe ?

– Ah non ! cria Athéna. Pourquoi t'appartiendrait-elle plutôt qu'à moi ? Ne suis-je pas la fille de Zeus ?

– Et moi, protesta Aphrodite de sa voix mélodieuse, je suis la déesse de la beauté. Tout le monde le sait.

Comme les trois déesses se jetaient des regards malveillants et semblaient prêtes à s'empoigner, Zeus se hâta d'intervenir.

– Allons, allons, mesdames ! Calmez-vous… Ce n'est ni à vous ni à nous, les dieux, de vous départager. Nous allons confier cette tâche à un simple mortel, Pâris, le plus beau des hommes, un berger qui est, en réalité, le fils du roi des Troyens. Il garde ses bêtes sur les pentes du mont Ida, non loin de la ville de Troie. Hermès vous y conduira.

Si Pâris fut surpris de voir arriver près de lui les trois plus célèbres déesses en personne, il n'en montra rien et accepta de bonne grâce de décerner le prix de beauté à l'une d'elles, en lui donnant la pomme d'or.

– Mais je désire voir chacune de vous seule, sans ses ornements habituels, précisa-t-il.

– Évidemment, firent ensemble Héra et Athéna, retirant l'une son diadème, l'autre son casque. Il ne serait pas juste qu'Aphrodite garde devant toi sa ceinture magique.

Elles se présentèrent donc à tour de rôle.

D'abord Héra, majestueuse.

– Si tu me choisis, dit-elle, je te donnerai gloire et richesse.

Puis Athéna.

– Si tu me choisis, je te donnerai succès et sagesse.

– Quant à moi, dit Aphrodite, je te promets seulement l'amour de la plus belle femme du monde.

– Qui est-elle ? demanda Pâris.

– Hélène, femme de Ménélas, le roi de Sparte.

– Mais elle est mariée ?

– Qu'importe ! Dès qu'elle te verra, je la rendrai si amoureuse de toi qu'elle te suivra où tu voudras.

Aussitôt, Pâris donna la pomme à Aphrodite.

La déesse de l'amour tint parole. Pâris, en mission diplomatique auprès du roi Ménélas, enleva la belle Hélène et l'emmena dans son pays, à Troie. Ménélas appela alors à l'aide tous les chefs grecs, pour venger son honneur, punir les Troyens et reprendre sa femme.

Ainsi débuta cette guerre qui devait durer dix ans. Tandis qu'Athéna et Héra venaient en aide aux Grecs, Aphrodite protégeait les Troyens. Mais elle ne put empêcher leur défaite, ni la destruction de la ville.

HÉPHAÏSTOS

LE DIEU DU FEU ET DE LA FORGE

Vulcain en latin. Fils de Zeus et d'Héra. Il brandit tenailles et marteau, et l'enclume est son emblème. Héphaïstos, le dieu forgeron, porte la tunique courte des travailleurs et un bonnet rond et pointu. Il est barbu et barbouillé de suie, il boite et, dès qu'il apparaît, les Olympiens se moquent de lui. C'est pourtant un artisan habile.

À sa naissance, Héphaïstos était si laid qu'Héra, sa mère, se débarrassa de lui en le jetant du haut de l'Olympe. Il tomba heureusement dans la mer où il fut recueilli par Thétis et sa sœur, les deux bienveillantes Néréides, mais il resta boiteux.

Elles l'emmenèrent à Lemnos, une île volcanique, où elles lui installèrent sa première forge. Il apprit à travailler les métaux pour en façonner des bijoux, qu'il offrit à ses bienfaitrices. Il fabriqua aussi les armes des dieux.

Après neuf années passées en leur compagnie, Héphaïstos décida de retourner près de sa mère. Non sans malice, il lui offrit en cadeau un magnifique trône en or. Héra, enchantée, s'assit sur le siège. Mais quand elle voulut se lever, cela lui fut impossible : elle était prise comme dans un piège.

Dionysos, le dieu du vin, se rendit alors à Lemnos et offrit à boire à son frère, si bien qu'Héphaïstos, tout à fait ivre, accepta de délivrer Héra.

C'est assis tout de travers sur le dos d'un âne qu'il fit son entrée dans l'Olympe. Tous les dieux éclatèrent de rire. Sans se démonter, Héphaïstos s'approcha de sa mère et la libéra. Mais avant toute chose, il exigea d'elle une promesse : qu'elle l'aide à obtenir le consentement d'Aphrodite, dont il voulait faire sa femme. Ce fut ainsi que le plus laid des dieux épousa la plus belle des déesses.

Ils formaient un couple bien mal assorti. Toute la journée, Héphaïstos travaillait dans sa forge et, quand il rentrait le soir, transpirant, sale et fatigué, il avait hâte d'aller dormir. Avec un tel époux, Aphrodite s'ennuyait. Elle lui fut souvent infidèle, mais Héphaïstos, aveuglé par son amour, ne se doutait de rien.

Aphrodite aimait Arès, le beau dieu de la guerre et, chaque fois qu'elle le pouvait, elle passait la nuit près de lui. Dès l'aube, tous les deux se séparaient, car ils craignaient les regards jaloux d'Apollon, le dieu de la lumière, qui était, lui aussi, épris de la déesse. C'est pourquoi Arès

demandait à l'un de ses serviteurs de les réveiller de bonne heure, avant le lever du soleil.

Mais un matin, le serviteur oublia sa mission, tant il dormait profondément. Il faisait donc grand jour quand Apollon surprit dans leur sommeil Aphrodite et Arès. Il se dépêcha d'avertir Héphaïstos.

Aussitôt, celui-ci forgea un immense filet de bronze, aussi fin qu'une toile d'araignée et si solide que personne au monde n'était capable de le rompre. Il en enveloppa les coupables, toujours endormis, puis il convoqua tous les dieux, pour qu'ils assistent à leur réveil et leur fassent honte de leur conduite.

Les déesses, par délicatesse, restèrent chez elles, mais les dieux accoururent, trop heureux de profiter du spectacle. Aphrodite et Arès, enfin réveillés, essayaient en vain de briser les mailles qui les emprisonnaient.

– Ma foi, s'écria Hermès, je ne me plaindrais pas si j'étais à la place d'Arès, même prisonnier d'un filet. Roi des dieux, qu'en penses-tu ?

– Dans une querelle de ménage, je ne veux pas intervenir, déclara Zeus.

– Je te comprends, fit Apollon.

Tous se mirent à rire, mais aucun d'eux ne songea à plaindre le pauvre mari trompé.

Dès qu'ils furent libres, Aphrodite et Arès s'enfuirent, l'une à Chypre, son île parfumée, l'autre dans son rude pays de Thrace. Mais auparavant, Arès punit le serviteur négligent, qui ne l'avait pas réveillé, en le métamorphosant en coq. Depuis ce jour, le coq se lève chaque matin à l'aube, pour lancer son cocorico et célébrer le soleil.

Quant à Héphaïstos, il retourna dans sa forge, loin des Olympiens moqueurs, pour se consacrer à son art et fabriquer de merveilleux objets.

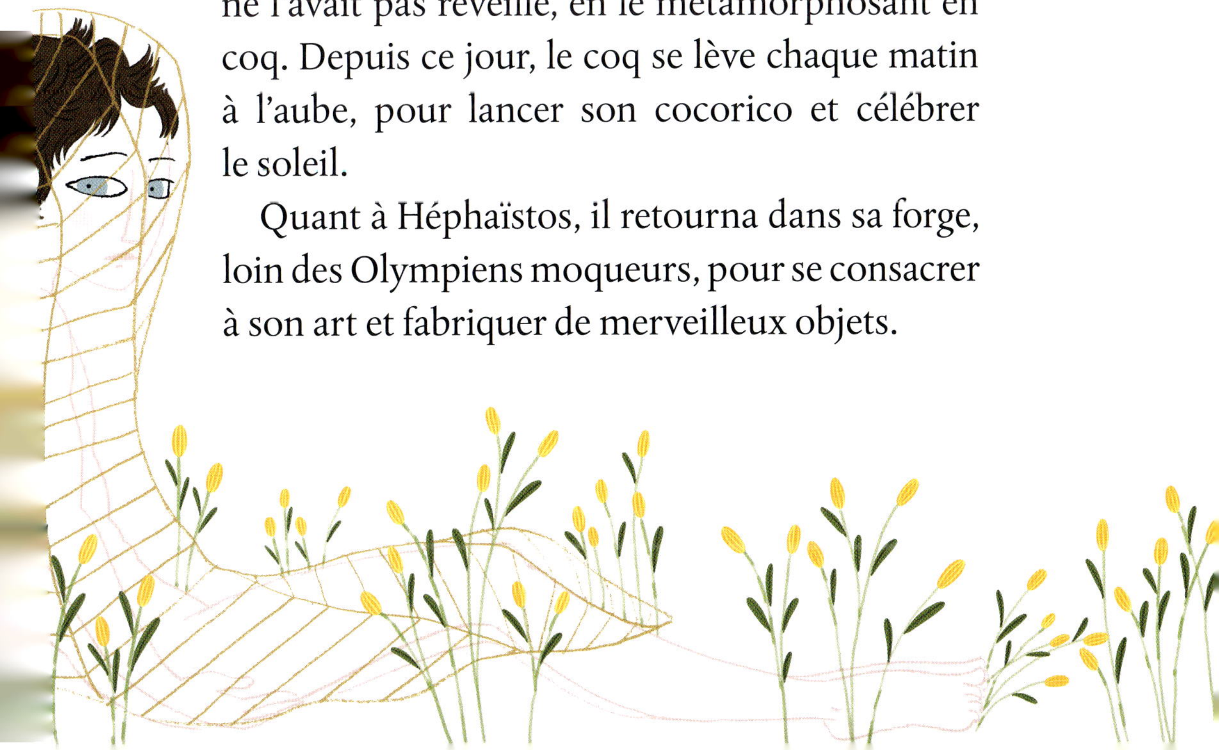

HERMÈS

LE MESSAGER DES DIEUX, LE DIEU DE L'ÉLOQUENCE, DU COMMERCE, DES VOYAGEURS ET DES VOLEURS

Mercure en latin. Fils de Zeus et de Maïa. Son emblème est le caducée, une baguette surmontée de petites ailes, autour de laquelle s'entrelacent deux serpents. Hermès tient à la main une houlette, le grand bâton des bergers et des voyageurs, et porte sur la tête un chapeau rond, muni d'ailes, et aux pieds des sandales, ailées elles aussi. Messager des dieux, il est également chargé de conduire les morts aux Enfers.

Quand Hermès naquit dans une caverne en Arcadie, au centre du Péloponnèse, Héra, une fois de plus trompée par son mari, poursuivit de sa haine Maïa et son fils. Mais celui-ci, à peine né, monta jusqu'à l'Olympe, si bien emmailloté que la reine des dieux le confondit avec son propre fils Arès et lui offrit de son lait. Lorsqu'elle s'aperçut de son erreur, elle n'eut pas le cœur d'en vouloir au bébé qu'elle avait allaité et n'essaya plus d'exercer sur lui sa vengeance.

C'est qu'Hermès était un dieu plein d'imagination et de malice : on lui attribue toutes sortes d'inventions et, devenu grand, il aida souvent son père Zeus à se tirer de situations compliquées.

Hermès était encore au berceau et vivait avec sa mère dans la caverne d'Arcadie. Mais dès que Maïa avait le dos tourné, il se levait et partait explorer le monde.

Quelques jours après sa naissance, il alla jusqu'au nord de la Grèce, où Apollon, son frère aîné, faisait paître ses troupeaux. C'étaient de superbes génisses, qui allaient juste rentrer à l'étable, car la nuit approchait.

« Comme elles sont belles ! se dit Hermès. Je les veux… Mais il ne faut pas que je me fasse prendre. »

La nuit venue, il fit sortir les bêtes à reculons, de façon à laisser croire qu'elles se dirigeaient vers leur étable, alors qu'il les conduisait dans l'autre sens.

Quand Apollon s'aperçut de la disparition de ses génisses, il se mit en colère et chercha partout le voleur. Il finit par arriver dans la caverne de Maïa où reposait, dans un berceau d'osier, le petit Hermès. En guise de tapis, deux peaux de vache étaient étendues sur le sol.

– Le voilà, mon voleur ! s'écria-t-il en désignant Hermès. Je reconnais dans ces tapis le pelage de mes bêtes.

– Voyons, c'est ridicule, s'interposa Maïa. Comment veux-tu qu'un bébé dans ses langes t'ait volé ? C'est vrai qu'il est exceptionnellement doué. Il vient de se fabriquer un bel instrument, qu'il appelle une lyre. Il a pris une carapace de tortue et, pour faire les cordes, des boyaux de…

– Des boyaux de vache ! Et où les a-t-il trouvés, ces boyaux ? Tu vois bien que c'est lui, mon voleur !

Apollon saisit l'enfant qui riait et le mena dans l'Olympe, devant Zeus.

– Mon fils ne peut être un voleur, s'indigna le maître des dieux.

Mais Hermès, pressé de questions, finit par avouer.

– Je n'ai égorgé que deux génisses, reconnut-il, pour les offrir en sacrifice aux douze dieux de l'Olympe.

– Comment, douze dieux ? Nous ne sommes que onze…

– C'est moi, le douzième, répondit Hermès en baissant modestement les yeux.

Zeus se mit à rire et demanda à ses deux fils de se réconcilier.

Apollon et Hermès retournèrent ensemble jusqu'à la grotte où le jeune voleur avait caché le troupeau. Tout en marchant, celui-ci jouait de la lyre et il en tirait des sons si ravissants qu'Apollon lui proposa un marché :

– Garde mes génisses et donne-moi ta lyre. Ainsi nous serons quittes.

Hermès accepta et, depuis ce jour, la lyre appartient à Apollon, le dieu de la lumière, devenu ainsi dieu de la musique.

ARTÉMIS

LA DÉESSE DE LA CHASSE ET DE LA LUNE

Diane en latin. Fille de Zeus et de Léto. Sœur jumelle d'Apollon. La biche et le sanglier lui sont consacrés. Artémis a les cheveux noués et la robe retroussée, maintenue par une ceinture ; ses jambes sont nues, ses pieds chaussés de brodequins légers. Elle porte son carquois sur l'épaule et tient son arc à la main. Ses chiens la suivent. Souvent, une biche l'accompagne. Un croissant de lune est posé sur sa tête, en guise de diadème.

Zeus s'était épris de Léto, fille de Titans, et elle attendait des jumeaux. Mais la jalouse Héra, informée de son état, demanda au serpent Python de la poursuivre et interdit à la terre de la recevoir. Si bien que la malheureuse Léto ne savait où aller pour accoucher.

Parcourant la mer Égée, elle trouva finalement refuge sur l'île flottante de Délos. Là, elle donna naissance à Artémis. À peine née, celle-ci aida sa mère à accoucher de son jumeau. Léto, arc-boutée entre un palmier et un dattier, souffrit pendant neuf jours avant de mettre au monde Apollon.

Artémis fut si impressionnée par les souffrances de sa mère qu'elle demanda à Zeus l'autorisation de ne jamais se marier. Tout ce qu'elle souhaitait avoir, c'était un arc et des flèches, comme en possédait son frère Apollon. Et un cortège de nymphes qui l'imiteraient et ne se marieraient jamais non plus. Zeus lui accorda ce qu'elle demandait.

Artémis s'installa au milieu des forêts. Elle possédait un char doré tiré par quatre biches blanches. Le soir, ses nymphes les dételaient, les frottaient de la tête aux pieds et les emmenaient se désaltérer dans des abreuvoirs d'or et se nourrir dans les prairies où paissaient les chevaux de Zeus.

Artémis adorait la chasse. Elle protégeait les jeunes animaux, mais c'était pour mieux les poursuivre quand ils étaient devenus grands. Sauvage et indifférente comme peut l'être la nature, elle se montrait parfois cruelle : elle le fut avec Actéon.

Actéon était le petit-fils d'Apollon, mais c'était un mortel. Son passe-temps favori était la chasse et il s'y livrait chaque fois qu'il le pouvait. Un jour qu'il faisait très chaud, il dit aux jeunes gens qui l'accompagnaient :

– Arrêtons-nous. Nous avons déjà tué beaucoup d'animaux. Le soleil brûle, voyez comme la terre est desséchée… Nos chiens n'ont plus de souffle et nous-mêmes, nous n'en pouvons plus. Reposons-nous et, demain matin, nous reprendrons notre chasse.

Ses compagnons l'écoutèrent et s'assirent à l'orée d'un bois. Actéon s'éloigna, souhaitant profiter de l'ombre et de la fraîcheur sous les arbres. Il grimpa le long des sentiers, escalada des rochers, sauta par-dessus des ruisseaux, heureux de partir seul à l'aventure dans ce bois inconnu.

Tout à coup, il s'arrêta. Le bruissement de l'eau, des clapotis et des exclamations joyeuses poussées par des voix féminines étaient parvenus à ses oreilles.

Il s'avança, curieux. Entre les arbres, dans un bassin à l'eau transparente, s'ébattait une troupe de jeunes filles. Au milieu d'elles, les dominant de sa haute taille, se tenait une grande femme à

la beauté éblouissante. Des jeunes filles puisaient de l'eau dans leurs mains et en aspergeaient son corps, d'autres lui frottaient le dos, d'autres encore peignaient sa chevelure mouillée. Actéon les regardait, immobile, retenant son souffle.

Soudain, l'une des jeunes filles l'aperçut et poussa un cri. Toutes tournèrent la tête vers lui et se mirent à s'agiter, entourant de leur mieux leur maîtresse, comme pour la cacher au regard de l'étranger.

Cette dernière pivota à son tour vers le jeune homme. Elle rougit, hésita une seconde, puis lui jeta de l'eau au visage en disant :

– Va raconter maintenant à qui pourra t'entendre que tu as surpris Artémis au bain !

Aussitôt, Actéon sentit son corps se transformer. Ses jambes s'allongèrent, sa peau se couvrit de poils, son front s'alourdit d'une ramure : il était devenu cerf. Ainsi métamorphosé, il s'enfuit, le cœur plein de crainte, évitant les pierres, bondissant au-dessus des fourrés. Bientôt il entendit des aboiements : ses propres chiens l'avaient découvert, ils suivaient sa trace. Ils le rattrapèrent.

Ce fut ainsi qu'Actéon mourut pour avoir vu ce qu'il n'aurait pas dû voir : la déesse, avec ses nymphes, se délassant des fatigues de la chasse, dans le bassin, au milieu des bois.

APOLLON

LE DIEU DE LA LUMIÈRE, DE LA PROPHÉTIE, DE LA POÉSIE ET DE LA MUSIQUE, PROTECTEUR DES TROUPEAUX

Il porte le même nom en latin. Fils de Zeus et de Léto. Frère jumeau d'Artémis. Le laurier lui est consacré et, parmi les animaux, le dauphin et le corbeau. Apollon est beau, éternellement jeune. Il est souvent représenté nu et sans barbe, ses cheveux blonds flottant sur la nuque, ceints d'une couronne de myrte ou de laurier. Mais quand il tient à la main sa lyre et s'apprête à en jouer, il est revêtu d'une longue robe.

Peu de temps après sa naissance, Apollon reçut dans l'Olympe un arc et des flèches en cadeau. Il se dirigea aussitôt vers la Grèce et parvint à Delphes, au pied du mont Parnasse. Là se cachait l'affreux serpent Python, qui avait poursuivi Léto alors qu'elle l'attendait. Pour venger sa mère, Apollon saisit son arc et, d'une seule flèche, tua le monstre. Comme il avait appris l'art de la prophétie, il s'installa à Delphes, et la prêtresse qu'il inspirait, pour qu'elle prédise l'avenir, fut appelée la pythonisse en souvenir du serpent.

Apollon eut un fils, Asclépios. C'était un excellent médecin, dont son père était fier. Non seulement il guérissait les malades, mais il alla jusqu'à ramener des morts à la vie.

Pour Hadès, le roi des Enfers, c'en était trop ! Voyant le nombre de ses sujets diminuer, il se plaignit à Zeus.

– Comment ? s'exclama le roi des dieux. Ce jeune homme trouble l'ordre des choses ! Il est normal que les morts cèdent la place aux vivants.

Et il foudroya l'insolent.

Aussitôt Apollon, fou de douleur et de colère, riposta en transperçant de ses flèches les Cyclopes, qui avaient procuré la foudre au maître du monde.

Zeus ne pouvait tolérer un tel acte. Il punit le coupable en le renvoyant de l'Olympe. Pendant un an, Apollon devrait garder les troupeaux du roi Admète, en Thessalie, au nord de la Grèce.

Admète traita avec beaucoup d'égards et de bienveillance le jeune dieu, qui le lui rendit bien : toutes les femelles du troupeau royal eurent des jumeaux, ce qui doubla le nombre des bêtes.

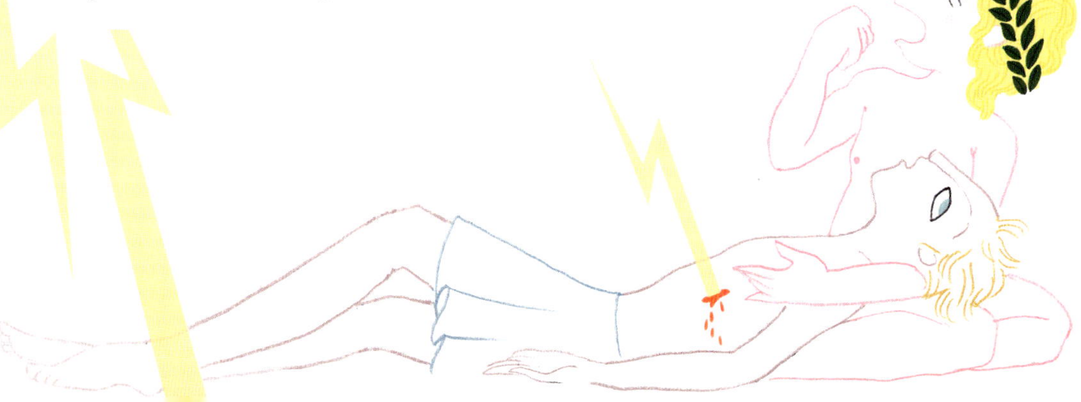

Quant aux bergers, ils apprirent sous la direction d'Apollon à jouer de la flûte, tandis qu'il les accompagnait avec sa lyre.

Au bout d'un an, Apollon, pardonné, retourna dans l'Olympe. Mais il n'oublia pas le roi de Thessalie, qui était devenu son ami.

Admète ne tarda d'ailleurs pas à faire appel à lui. Le roi était tombé follement amoureux d'une belle princesse du voisinage, Alceste. Or, le père d'Alceste ne voulait donner sa fille en mariage qu'au prétendant capable d'atteler au même char un lion et un sanglier sauvage, et de conduire ce bizarre attelage autour du champ de course.

« Un homme ne pourrait jamais réussir un tel exploit, se dit Admète. Un homme, non. Mais un dieu ? »

Apollon survint aussitôt et réussit à dompter les bêtes, qui se placèrent docilement sous le joug. Il assista aux noces d'Alceste et Admète et, à cette occasion, obtint pour celui-ci, de Zeus, une faveur spéciale : le jour où la mort viendrait

le prendre, Admète pourrait être sauvé ; mais il faudrait que quelqu'un l'aime assez pour accepter de mourir à sa place.

Lorsqu'Admète mourut, jeune encore, sa femme désespérée fit appel à Apollon. Mais le dieu immortel ne pouvait pas prendre la place de son ami.

Pour ressusciter son mari, Alceste avala donc du poison et se retrouva aux Enfers. Perséphone, la souveraine des lieux, descendit de son trône pour accueillir la jeune femme.

– Ton amour pour Admète est admirable ! s'écria-t-elle. Mais je ne trouve pas juste qu'une femme meure à la place de son mari. Va-t'en ! Retourne sur la terre et profite de la lumière avec lui !

Admète et Alceste réunis vécurent encore de longues années, et n'oublièrent jamais d'honorer Apollon, auquel ils devaient leur bonheur.

DIONYSOS

LE DIEU DE LA VIGNE, DU VIN ET DU THÉÂTRE

Bacchus en latin. Fils de Zeus et de Sémélé. Il tient d'une main le thyrse, longue baguette entourée de feuilles de vigne et de lierre, surmontée par une pomme de pin, et de l'autre une coupe de vin. À son char sont attelées des panthères. Dionysos a l'apparence d'un très jeune homme, presque un adolescent. Des pampres ornent ses cheveux longs. Il porte une robe à la mode orientale ou bien un manteau de pourpre sur son corps nu.

Zeus, ayant pris l'apparence d'un simple mortel, s'était fait aimer de Sémélé, princesse de Thèbes. Cette dernière attendait un enfant et en était déjà au sixième mois de grossesse quand Héra l'apprit. Aussitôt, la jalouse déesse alla trouver la jeune femme, sous les traits de sa vieille nourrice, pour lui tendre un piège.

– Ma fille, lui dit-elle, que sais-tu de celui qui prétend t'aimer ? Peut-être est-ce un monstre déguisé ? Demande-lui donc d'apparaître sous son aspect véritable.

La naïve Sémélé suivit ce conseil. Elle importuna si bien Zeus qu'il finit par lui céder et parut dans toute sa gloire, la foudre à la main. Le palais de Sémélé s'embrasa et elle mourut dans l'incendie. Mais Hermès sauva le bébé et l'enferma dans la cuisse de Zeus, où il demeura trois mois avant de naître.

Pour échapper à la jalousie d'Héra, Dionysos fut confié à des nymphes du mont Nysa, aux Indes. Elles le dorlotèrent et le nourrirent de miel. Quand il fut plus grand, les Muses se chargèrent de son éducation, aidées par Silène, un joyeux vieillard, souvent ivre, mais sage et savant quand il n'avait pas bu.

Sur les pentes du mont Nysa, couvertes de vignobles, Dionysos apprit à faire du vin. Il partit alors à la conquête du monde, en Égypte, en Asie, en Europe.

Lors de ses voyages, il était accompagné de Silène, monté sur son âne, des Satyres, ces petits dieux champêtres aux pieds de bouc, et des Ménades – ou Bacchantes –, ces nymphes échevelées vêtues de peaux de bêtes. Tous suivaient le cortège en chantant et en dansant. Ils s'accompagnaient bruyamment de cymbales, de flûtes et de tambourins, et tentaient d'entraîner tous ceux qu'ils rencontraient dans leur gaieté et leur ivresse.

Partout où il passait, Dionysos établissait son culte et apprenait aux hommes à cultiver la vigne. On donna en son honneur des représentations théâtrales : c'est pourquoi on le considère comme le dieu du théâtre.

Cependant, beaucoup d'hommes ne reconnaissaient pas sa divinité. Dionysos alors se vengeait d'eux cruellement. Mais il pouvait aussi se montrer indulgent, comme en témoigne l'histoire du roi Midas.

Un jour, alors que la joyeuse troupe voyageait en Asie mineure, Silène, sans s'en rendre compte tant il était ivre, quitta le cortège. Après avoir erré quelque temps, il finit par s'assoupir dans les jardins entourant le palais du roi Midas.

Les jardiniers le découvrirent, profondément endormi, au beau milieu des roses. Un peu plus loin paissait son âne. Ils le réveillèrent, l'enchaînèrent avec des guirlandes de fleurs et le conduisirent à leur maître. À son ventre rond, à son crâne chauve, à son gros nez rouge et surtout à son air réjoui, le roi Midas reconnut Silène.

Trop heureux de rencontrer ce bon vivant, il lui offrit un festin grandiose, qui dura neuf jours et neuf nuits.

Au bout de ce temps, il accompagna Silène lui-même, escorté par ses gardes, jusqu'à l'endroit où se trouvait le dieu du vin. Dionysos remercia chaleureusement Midas, car la disparition de son vieux maître l'avait beaucoup inquiété.

– Que souhaites-tu avoir en récompense ? dit-il au roi. Demande-moi ce que tu voudras.

– Eh bien, répondit Midas sans hésiter, j'aimerais que tout ce que je touche se transforme en or. Ainsi, je deviendrais l'homme le plus riche du monde.

Le dieu prit un air amusé.

– Si c'est ce que tu veux vraiment…

Midas effleura alors une branche de pin qui, tel un bijou, étincela au soleil. Il s'éloigna, ravi.

Au fur et à mesure qu'il avançait sur le chemin, le sable, les cailloux, les feuilles, les fleurs, se métamorphosaient en or : il n'avait plus qu'à demander aux gardes de son escorte de les cueillir ou de les ramasser.

Mais lorsqu'il rentra dans son palais et qu'il se mit à table, les sièges, la nappe, la vaisselle devinrent de métal, ainsi que les boissons et tous les aliments, dès qu'ils touchaient ses lèvres. Midas avait beau avoir soif et faim, il lui était impossible de se nourrir. Était-il condamné à mourir ?

Il s'adressa à Dionysos qui, gentiment, accepta de revenir sur le don qu'il avait fait.

– Si tu veux t'en débarrasser, va te laver dans le fleuve Pactole, lui conseilla-t-il.

Le roi s'empressa d'obéir, et depuis ce temps, dans le Pactole, roulent des paillettes d'or.

Dès lors, Midas se détourna des richesses. Il ne se plaisait qu'à l'ombre des forêts ou dans son jardin de roses. Grâce à Dionysos, il avait acquis la sagesse.

TABLE DES MATIÈRES

www.flammarion-jeunesse.fr
Dépôt légal : avril 2018 – Imprimé en Italie par Lego en mars 2021
Loi n° 49-956 du 16 juillet 1949 sur les publications destinées à la jeunesse